MEMOIRE
en Images

DRANCY

Pierre de Seguier, conseiller du roy au XVIIe siècle, dont la ville garde les armoiries, était seigneur de Drancy-le-Grand. Les armes des Seguier portaient *«d'azur au chevron d'or, accompagné en chef de deux étoiles d'or et en pointe d'un mouton passant d'argent»*. En 1942, au moment de la dotation d'un blason à toutes les communes de la Seine, il fut ajouté un "D" gothique pour faire le blason actuel.

MEMOIRE

en Images

DRANCY

Daniel Moreau

ALAN
SUTTON

Editions Alan Sutton
21, avenue de la République
37300 Joué-lès-Tours

Première édition novembre 1996

ISBN 2-84253-014-4

Dépôt légal : novembre 1996.
Imprimé en Grande-Bretagne par
Redwood Books Limited, Trowbridge.

Table des matières

Introduction

Drancy est une ville de banlieue située au nord-est de Paris. Son développement démarre à la fin du XIXe siècle et au début du XXe.

L'habitat est issu de la transformation des terres agricoles ; les étapes importantes sont :
La cité du Nord bâtie pour les cheminots travaillant pour la Compagnie des chemins de fer du Nord, la cité Jardin et la cité de la Muette qui, indéniablement, symbolisent le début de l'habitat social. C'est, par ailleurs, à cause d'un de ces ensembles que beaucoup de personnes ne connaissent notre ville qu'en la surnommant «Drancy la Honte» ou «Drancy la Juive» ; l'un d'eux a servi de camp d'internement, d'antichambre de la mort pour des dizaines de milliers d'hommes, de femmes et d'enfants durant la Deuxième Guerre mondiale. Et enfin, les lotissements.

Le développement industriel, contrairement à beaucoup de villes de la banlieue, est faible voire quasi inexistant. Historiquement, nous le devons, entre autres, à l'intervention d'un baron. Il est cocasse d'observer l'importance historique de cet aristocrate dans une ville dont la majorité des habitants se situent politiquement «à gauche», et ce dès 1935.

Cet ouvrage n'a pas l'ambition d'être un livre retraçant toute l'histoire de Drancy, mais de relater son passé sous forme anecdotique, en utilisant la mémoire de divers Drancéens, de documents découverts au gré de trouvailles dans des brocantes ou des greniers, de photos familiales, ainsi que de cartes postales.

Arrivé à Drancy à l'âge de 6 ans, en 1958, je garde un excellent souvenir de ce petit pavillon loué par la S.N.C.F. à mon père. La cité du Nord, la cité des cheminots, fut partiellement détruite au début des années 1970, afin d'en bâtir une nouvelle, faite d'immeubles plus modernes.

Toute mon enfance, tous mes souvenirs étaient effacés, engloutis dans le béton, jusqu'au jour où, en fouillant chez un brocanteur, je découvris avec merveille une carte postale, datant du début du siècle, de la rue A de la cité du Nord, ma rue !!!

Cette découverte en a entraîné d'autres pour aboutir aujourd'hui à cette aventure : écrire un livre sur ma ville, sur le passé collectif des Drancéens... Place à l'image, à l'histoire et à l'anecdote.

I
Promenade sur les avenues

Pour pénétrer dans Drancy, l'une des possibilités est cette avenue Marceau, général qui se distingua en Vendée (1769-1796).

Démarrant place Marceau, la rue Sadi Carnot longe le parc du Château, aujourd'hui parc Jacques Duclos, pour aboutir au carrefour de la Petite Samaritaine ; le magasin existe encore de nos jours (marchand de chaussures). Il est intéressant de noter que le tronçon de l'avenue Paul Vaillant-Couturier (Mairie-4 Routes) n'existait pas, il sera inauguré en 1938.

La tournée du facteur se faisait à pied. Pour l'histoire, Sadi Carnot fut président de la République de 1887 à 1894 et fut assassiné à Lyon par un certain Casério.

La rue de la République, bordée par des bâtiments fermiers, était une artère historique reliant Saint-Denis au pont de Bondy, puis à Meaux. L'aménagement de la rue Sadi Carnot, l'implantation, en 1882, du chemin de fer coupant sa liaison directe à la route de Flandre, diminua son importance stratégique.

La rue Henri Barbusse démarrait de ce carrefour : les célèbres 6 routes de Bobigny, tant regrettées par les anciens car on y trouvait des commerces de proximité, et tant redoutées par l'automobiliste se rendant quotidiennement à son travail, malgré le bienfait du "toboggan métallique".

On a du mal à s'imaginer qu'il s'agit de l'avenue Jean Jaurès, reliant Drancy à Bondy.

A l'origine, cette voie était composée de deux chemins : celui du «Petit Drancy» et le «chemin de la Ferme à la route des Petits Ponts». Elle devint rue Roger Salengro.

Cet ancien chemin vicinal était appelé «chemin des Marais», puis «chemin du Blanc-Mesnil», pour, enfin, connaître son nom définitif en 1919 : rue Anatole France.

L'avenue du Bourget est l'un des axes les plus importants du quartier de l'Economie. Ce secteur semble avoir été celui le plus rapidement habité ; sans doute grâce au coût moindre (d'où son nom) du terrain marécageux.

CHEMIN DE FER DU NORD
DUNKERQUE TILBURY
P. Commarmond
PLAGE DE
MALO LES BAINS
NORD

II
La cité du Nord

En 1854, divers projets de tracé d'une ligne de chemin de fer Paris-Soissons étaient en concurrence. La Compagnie du Nord, du groupe Rothschild, emporta le marché au détriment du groupe du banquier Péreire, très lié au baron de Ladoucette, châtelain de Drancy. Cette ligne fut ouverte le 2 décembre 1858.

L'implantation de la gare du Bourget-Drancy loin du coeur de la commune, lors de la création de la ligne de la «grande ceinture», le 2 janvier 1882, pèsera lourd dans le développement industriel de Drancy et donc sur ses finances.

Au XIXe siècle, les employeurs s'intéressaient à la question du logement ouvrier. «*En rendant l'ouvrier propriétaire (...), la société (...) a fixé l'ouvrier nomade, (...) lui a fait comprendre le but de l'épargne (...) l'habituer à passer le temps dans son jardin plutôt qu'au cabaret*» (Villerme).

En 1884, la Compagnie du Nord construisit un groupe de 35 logements individuels, puis un deuxième groupe de 52, en avril 1888.

Le logement social imaginé était hiérarchisé et la surface habitable ne dépendait pas de l'importance familiale, mais du rôle exercé dans la compagnie. Ainsi, un chef de gare disposait d'un pavillon de 164 m², le sous-chef de gare de 114 m² et l'ouvrier se contentait d'un 43 m².

Entre 1913 et 1920, la compagnie, confrontée aux prix de revient, construisit une nouvelle tranche d'habitation : 225 logements, dont 184 en immeubles de 6 niveaux, abandonnant son principe de favoriser le logement individuel. On se rappelle du marchand de primeurs M. Pauvert, ainsi que du boucher et de l'épicier M. Leblanc.

En 1965, la famille Moreau pose rue Emmanuel Vinson. L'église, bâtie en 1935, existe toujours. Le patronage (officié par l'abbé Pierre) n'y était plus obligatoire comme au siècle dernier ; les enfants de la cité se retrouvaient aussi dans le square ou à la célèbre piscine.

Henri Vincenot dans «*La vie quotidienne dans le chemin de fer français au XIXe siècle*» écrit : «*Les cheminots n'étaient guère aimés. Ils avaient, dans cette France encore attachée aux règles de la vie rurale et a une morale traditionnelle, mauvaise réputation. Ils vivaient en ghetto près des gares (...) C'était révolutionnaire et choquant de se mettre en grève pour des augmentations de salaire (...) Les cheminots étaient, à partir de la moitié du siècle, les salariés les plus mal payés de France*».

Début des années 1970, c'est la destruction de ces bâtiments où, pendant une cinquantaine d'années, des familles de cheminots se sont côtoyées.

Les cheminots possédaient leur équipe de football. Les C. Cassous, Decadieu et autres Riton posent pour la postérité. L'Union sportive Nord (US Nord) a été créée en 1889.

III

Le centre-ville

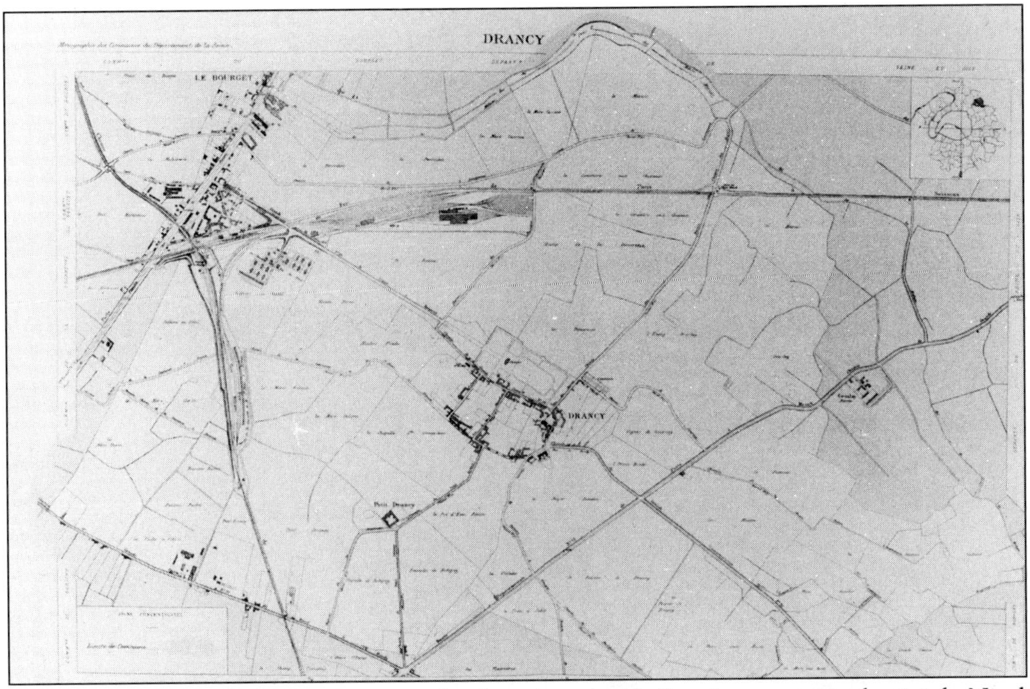

Drancy en 1900 ! L'habitat est surtout développé autour de l'ancienne mairie, la cité du Nord et la ferme du Petit Drancy, rues de la République et Sadi Carnot, route de Stalingrad. En 1896, on dénombrait 1 096 habitants (dont 400 à la cité du Nord), 274 maisons, 253 électeurs, 135 chevaux et 77 voitures attelées à 1 ou 2 chevaux. Pas d'hospice, pas plus que d'hôpital (les malades devaient se rendre à Paris, la municipalité prenant à sa charge 1 franc par jour et par malade), de crèche ou de dispensaire.

L'ancienne mairie fut acquise à monsieur Levasseur par délibération municipale du 8 novembre 1840, pour la somme de 5 488 francs.

Antique édifice datant du XIIe siècle, la guerre de 1870-71 ne lui avait guère laissé que les murs. «...*On pourrait croire que l'ouvrier inconnu qui conçut et exécuta le plan, fut un artiste errant, venu des lointaines Pyrénées*» (abbé Oudin). L'architecture est, en effet, étrangère à l'Ile-de-France.

Elle fut démolie en 1975.

Mariage à Drancy en 1923. Il existait un impôt institué par Charlemagne en 794 : la dîme religieuse. L'église y avait ajouté le droit d'hymen : lorsqu'un homme se mariait, il devait attendre 3 jours «de réflexion» pour cohabiter, s'il n'attendait pas ce délai, alors il payait cette curieuse «taxe». Si une jeune Drancéenne prenait pour époux un habitant du Blanc-Mesnil, celui-ci payait au curé un droit de formariage.

Le premier cimetière était, suivant l'usage, contigu à l'église. Il a été transféré dans le terrain actuel en 1845. La photo représente une cérémonie (1910) devant le monument aux Morts des combattants de 1870-1871.

Avant l'achat de l'ancienne maison Levasseur, la commune louait une maison commune pour la somme de 100 francs.

Vers 1920, la commune acheta ce bâtiment plus vaste pour accueillir la population dont le nombre ne cessait d'augmenter. En 1801, on comptait 193 habitants, en 1901 : 1747 et en 1921 : 15 582. Il deviendra la mairie.

Mais l''achat de l'asile ne suffira pas au besoin de la commune. En 1969, une nouvelle construction fut bâtie le long de la rue Sadi Carnot, car le nombre d'habitants atteignait des niveaux impressionnants : 31 489 habitantsen 1926, 51 156 en 1931 et 69 444 en 1968.

Grande bâtisse du XIXe siècle, édifiée sur les bases de la première maison forte de notre ville et sur le tracé du château construit par Pierre Seguier, en 1533. Elle se transforma en résidence bourgeoise aux XVIIe et XVIIIe siècles. Le jardin à l'anglaise motiva la plainte des paysans lorsqu'on transporta du gazon des voies publiques dans le parc (voir cahier de doléances de Drancy en 1789).

La baronne fut inhumée en 1897 dans le mausolée ; ses restes furent transférés quand le parc du Château devint municipal.

Très catholique, la famille édifia un monument : la grotte de Lourdes.

A la mort de sa fille, la baronne de Ladoucette légua le château et son parc à l'asile de Drancy, ainsi que ce bâtiment, rue Sadi Carnot, aujourd'hui école privée.

L'école Paul Bert, qui a vu des milliers d'enfants s'asseoir sur ses bancs, a été inaugurée le 27 octobre 1887. Le conseil municipal décida l'acquisition du terrain d'un certain monsieur Provost, le 26 mai 1883, au prix de 3 francs le m^2.

La pompe à incendie, manoeuvrée certainement par des volontaires. La première compagnie de pompiers municipaux fut créée le 15 décembre 1853.

IV
Les personnalités

Originaire du Languedoc, la famille Seguier acheta des terrains à Drancy. Nicolas (fin XVe-début XVIe siècle) fut le premier acquéreur de fiefs dans notre ville. Pierre, son fils, continua les achats. Jérôme, son héritier, acheta la seigneurie de Drancy. Tanneguy, fils de Jérôme, hérita et acheta la seigneurie du Petit Drancy. Désormais, il n'y avait plus que deux seigneurs : celui du Grand Drancy et celui de Sainte-Geneviève, et ce jusqu'à la Révolution. A la mort de Tanneguy (1669) c'est Pierre Seguier, son cousin, qui hérita de la seigneurie. Peu de temps, car il décéda en 1672. Chancelier, il réprima la révolte des «va-nu-pieds» en 1639. En 1664, il se prononça pour une peine sévère au procès de Fouquet. Il se fit le «protecteur» de l'Académie française.

Louis-Napoléon-Laëtitia-Charles de Ladoucette, baron d'Empire, acheta le château et fonda, avec sa femme Emilie, de nombreuses oeuvres charitables. Leur fille épousa le comte Robert de Mun, mais décéda à l'âge de 20 ans.

Albert, frère de Robert (1841-1914), démissionna de l'armée pour se consacrer à la politique et à l'action sociale. Député, il tenta de constituer un parti catholique ; il rallia la république avec l'approbation du pape Léon XIII.

Quel rapport entre l'avenue Henri Barbusse et les personnalités de Drancy ? La route des Petits Ponts est celle qui relie Paris à Soissons. De là à penser que Clovis, roi des Francs, qui passait son temps entre ces deux villes, y ait été véhiculé dans son char à boeufs, il n'y a qu'un pas à franchir ... Je le fais !

François II Crette de Palluel (1741-98), né à Drancy, fut agronome. Il a contribué à l'amélioration de l'agriculture grâce à des expériences réalisées sur ses terres de Drancy et de Dugny. Il a notamment travaillé sur la culture des navets, de la chicorée et de la pomme de terre.

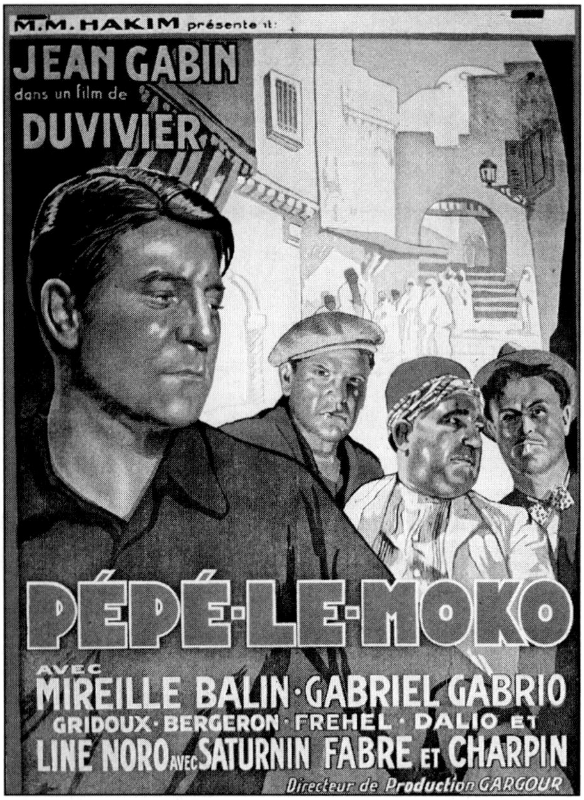

Drancy abrita un ouvrier magasinier aux Magasins Généraux d'Automobile des Régions Libérées : Jean Montcorge, plus connu sous le nom de Jean Gabin.

On découvre des documents parfois surprenants ! Telle cette photo que vous retrouverez dans la pochette d'un disque d'un chanteur très connu : Michel Jonasz. Né à Drancy en 1947, il vécut ses 10 premières années dans notre ville où il fut élève à la communale avec le fils de M. Thorez. Pour ceux qui pensent l'avoir connu, ou fréquenté, son patronyme est Goldstein.

V

Le monde des écoles

Il est de tradition, au cours de l'année scolaire, de se faire «tirer le portrait» avec ses petits camarades et l'instituteur. Ici, une classe de 6ème du collège Pierre Sémard, en 1992, pose avec monsieur Germond, le professeur de musique.

1882 est l'année de la loi Jules Ferry rendant l'instruction primaire laïque gratuite et obligatoire. Le 14 août de cette année-là, fut créée une Caisse des écoles à Drancy. Sur 36 000 communes, il n'en restait que 80 sans école.

Avant la création de l'école Paul Bert, les garçons recevaient leurs leçons dans la maison communale abritant la mairie. Les fillettes se rendaient dans celle créée par la baronne de Ladoucette, et ce jusqu'au 13 février 1881. (Photo de classe 1940-41, école Paul Bert)

En 1898, l'école comprenait une classe de 60 garçons, une de 25 filles et une, enfantine, de 50 enfants. L'instituteur et l'institutrice étaient logés en ce lieu. En 1907, les lotissements augmentèrent le nombre d'enfants scolarisés. On créa donc 9 classes supplémentaires et on supprima la maternelle. En 1921, l'école Paul Bert refusa des élèves. L'effectif s'élevait a 1 165 élèves et les préaux furent reconvertis en salle de cours.

L'école Marceau fut ouverte en 1925. Il était temps car la cité Jardin n'avait pas eu l'école promise. L'agrandissement de la cité du Nord entraîna la venue de 200 autres gamins. Des enfants étudiaient dans des communes limitrophes, les enfants de 6 à 8 ans n'allaient plus en classe.

Bâtie en 1925, l'école Jean Macé, rue Dominique Roberty, donna une bouffée d'oxygène. Mais, dès 1927, il fallut ajouter deux classes supplémentaires aux 4 existantes.

En 1925, l'école Jean Jaures, avenue Jean Jaures, ouvrit ses portes à 4 classes d'écoliers. Dans le même temps, on en ajouta 12 à Marceau, 6 provisoires furent créées rue Jeanne (Christino Garcia aujourd'hui) et on passa un accord avec la Compagnie du Nord pour créer 4 classes à la cité du Nord.

Cela ne suffisait toujours pas. Les bâtiments de l'école Paul Bert furent surélevés en 1928, l'école Jean-Pierre Timbaud, à l'angle des avenues Jean Jaures et Sadi Carnot, ouvrit ses portes. En 1931, on dénombrait 5 319 élèves ; en 1932, 110 classes furent ouvertes (on prévoyait 6 000 gamins pour octobre) !

Drancy vit au rythme des décrets lois renforçant le droit des enfants et les problèmes financiers et structurels de la commune : 1936, l'école devient obligatoire jusqu'à 14 ans ; elle le deviendra jusqu'à 16 ans le 6 janvier 1959.

En 1968, l'effectif scolarisable était le suivant : 2 378 enfants dans 10 écoles et 57 classes ; 8 500 en primaire, dans 14 groupes scolaires et 277 classes ; 4 collèges d'enseignement général scolarisant 500 élèves. Le lycée Eugène Delacroix (qui fonctionna dès 1959 pour les enfants de 6ème) compte maintenant 1 400 élèves. On dénombre aussi 3 autres collèges.

En 1960, le groupe scolaire Roger Salengro entra en fonction ; en 1962, ce fut le groupe Jacques Jorissen, en 1964, le groupe Lucien Perriot, puis en 1965, le groupe Romain Rolland. Le programme de construction continue, non sans poser quelques problèmes : «... *le Lycée Delacroix, qui accueille près de 800 demi-pensionnaires, dispose de 6 marmites pour la cuisine, mais une seule est utilisable...*» (lettre de Maurice Niles au ministre de l'Education en 1985).

La classe de madame Griffe, à l'école Henri Rouanet, en 1957-58. A cette époque, pas si lointaine, les petites filles ne fréquentaient pas le même établissement que les garçons.

A l'école Henri Rouanet, madame Robin avait, cette année-là, 33 élèves dans sa classe ! Il a fallu la loi du 25 juillet 1893 pour imposer la présence féminine dans l'enseignement.

Les premiers enseignants laïcs furent imposés par les préfets napoléoniens. Pour être sous-officier dans l'armée il fallait savoir écrire ; à la retraite ou à la réforme, beaucoup d'officiers ont été «placés» dans les communes avec le rôle d'éducateurs... vantant certainement les mérites de l'empereur en narrant leurs batailles et les campagnes européennes.

Ainsi fut la vie à Drancy, débordée par un nombre impressionnant de nouveaux habitants, attirés par les lotissements et par des ressources municipales faibles.

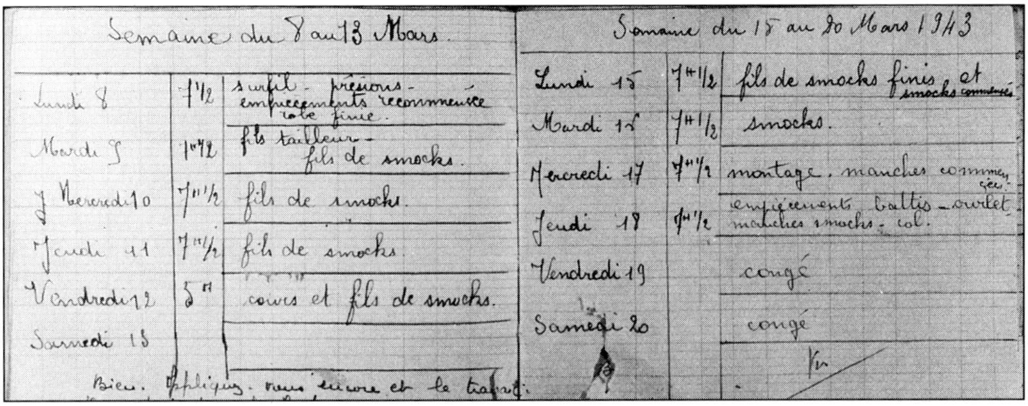

Semaine du 8 au 13 Mars

Lundi 8	7h1/2	surfil - pressions - empiècements recommencé robe finie.
Mardi 9	7h1/2	fils tailleur - fils de smocks.
Mercredi 10	7h1/2	fils de smocks.
Jeudi 11	7h1/2	fils de smocks.
Vendredi 12	5h	cours et fils de smocks.
Samedi 13		

Bien. Appliquez-vous encore et le travail.

Semaine du 15 au 20 Mars 1943

Lundi 15	7h1/2	fils de smocks finis et smocks commencés
Mardi 16	7h1/2	smocks.
Mercredi 17	7h1/2	montage. manches commencées
Jeudi 18	7h1/2	empiècement bâtis - ourlet manches smocks - col.
Vendredi 19		congé
Samedi 20		congé

Vu

Les fournitures scolaires se faisant rares en 1943, les cahiers de couture étaient découpés : 1 cahier pour 3 élèves.

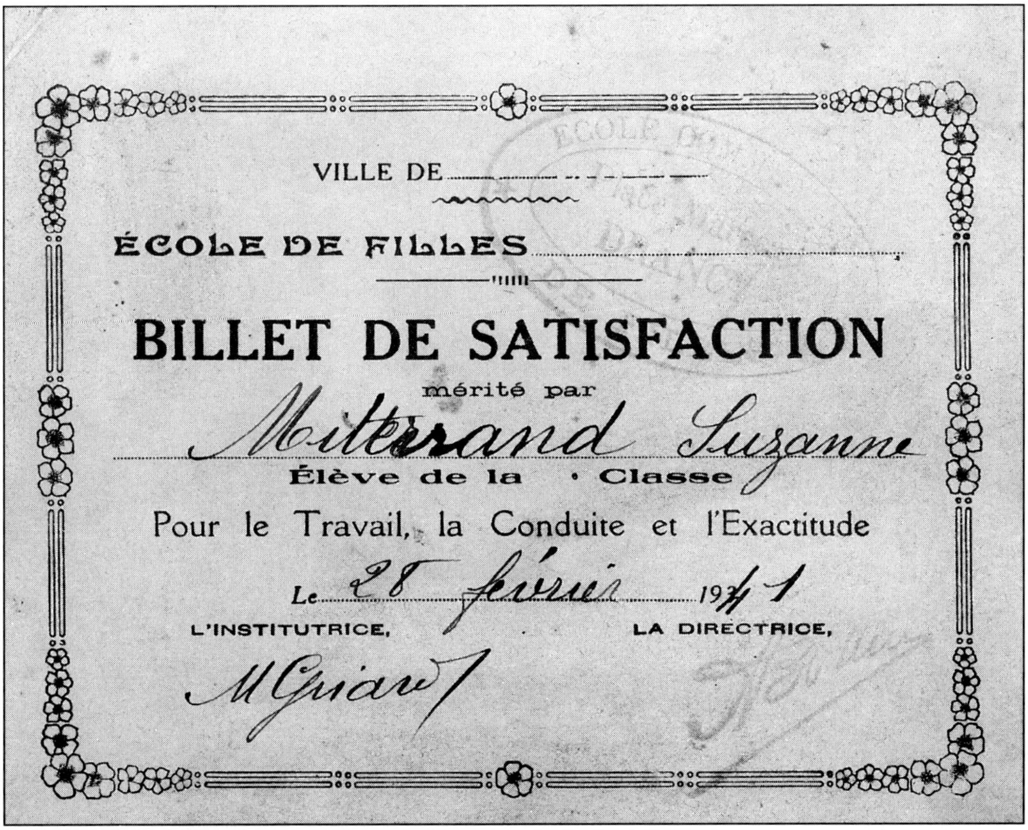

VILLE DE

ÉCOLE DE FILLES

BILLET DE SATISFACTION

mérité par

Mitterand Suzanne

Élève de la · Classe

Pour le Travail, la Conduite et l'Exactitude

Le 28 février 1941

L'INSTITUTRICE, LA DIRECTRICE,

M Giard

1936 : le temps des billets de satisfaction. Ci-dessus, en 1941, ceux distribués par l'école Marceau... avec quelle fierté les enfants les montraient à leurs parents.

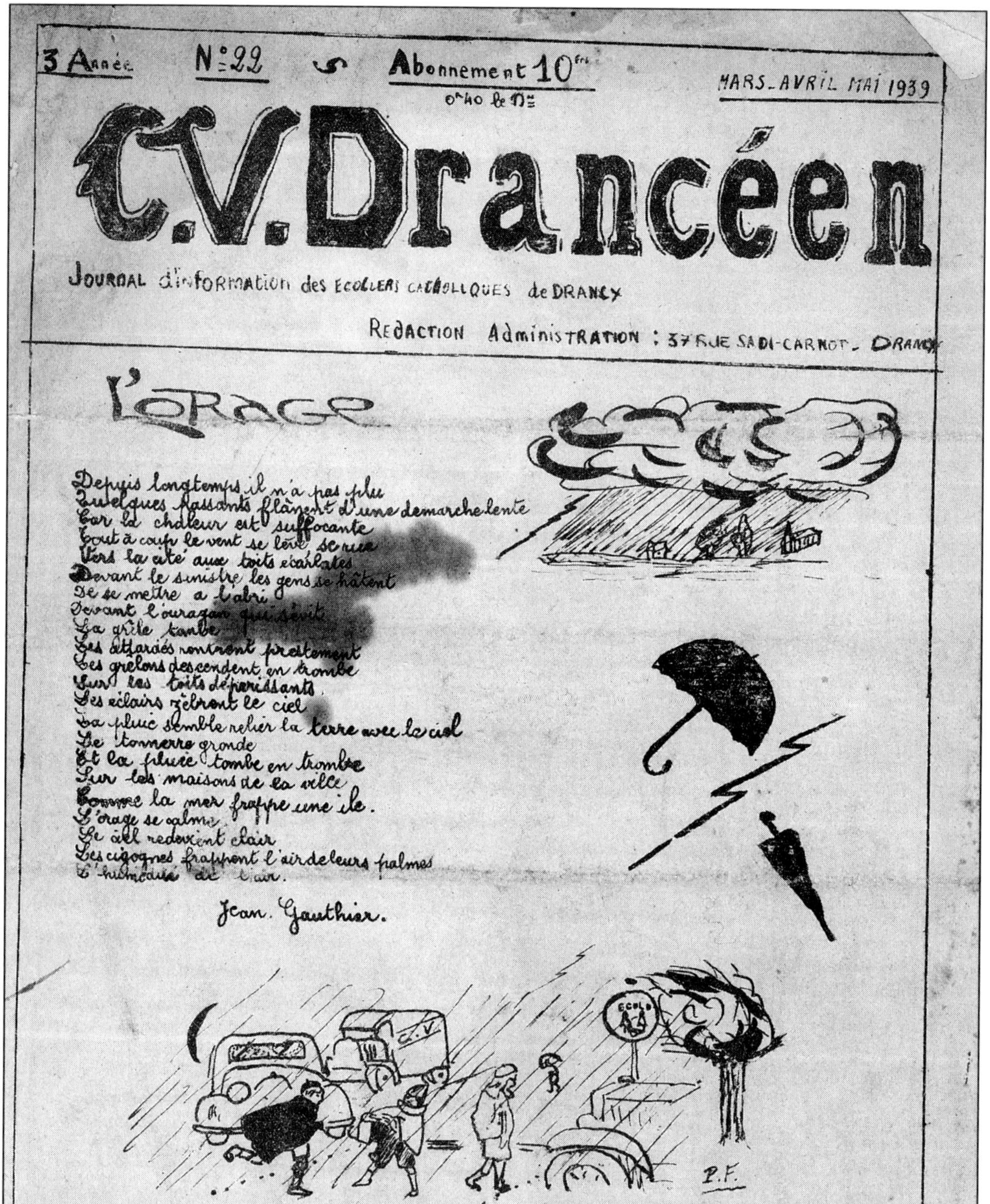

3 Année N° 22 Abonnement 10 frs 0 frs 40 le N°

MARS-AVRIL MAI 1939

C.V. Drancéen

JOURNAL d'information des ECOLIERS CATHOLIQUES de DRANCY

REDACTION Administration : 37 RUE SADI-CARNOT - DRANCY

L'orage

Depuis longtemps il n'a pas plu
Quelques passants flânent d'une demarche lente
Car la chaleur est suffocante
Tout à coup le vent se lève se rue
Vers la cité aux toits écarlates
Devant le sinistre les gens se hâtent
De se mettre a l'abri
Devant l'ouragan qui sévit
La grêle tombe
Les attardés rentrent prestement
Les grelons descendent en trombe
Sur les toits dépéridssants
Les éclairs zèbrent le ciel
La pluie semble relier la terre avec le ciel
Le tonnerre gronde
Et la pluie tombe en trombe
Sur les maisons de la ville
Comme la mer frappe une île.
L'orage se calme
Le ciel redevient clair
Les cigognes frappent l'air de leurs palmes
L'humidité de l'air.

Jean. Gauthier.

En 1938, parut un journal mensuel d'information des écoliers de Drancy. Les élèves narraient la vie quotidienne à la maison ou leurs exploits scolaires. Dans le numéro 22, d'avril 1939, la visite de *l'Illustration* y est relatée par le petit Barjier. Les bâtiments de ce journal existent toujours sur la commune de Bobigny. Dans ce même numéro, le directeur s'excuse du retard de la parution dû à sa mobilisation dans l'armée.

L'école Jean Jaures. Les enfants de cette classe de 1934 ont aujourd'hui entre 69 et 71 ans.

Une fête de fin d'année scolaire en 1936.

Le traditionnel père noël visite encore, en 1996, les enfants dans leurs classes. Celui de 1958, à l'école Jacqueline Quatremaire, semble avoir un réel succès.

L'école Gaston Roulaud. Finissons par une comparaison : certains enfants «râlent» parce que la saison est longue. Jadis, d'autres n'y allaient que 4 mois dans l'année, car Drancy était terre agricole et leurs parents, cultivateurs, avaient besoin de tous les bras.

VI
Les colos

Achetée initialement, en 1923, pour devenir un préventorium, cette ancienne ferme, à Doulaincourt (Haute-Marne) fut transformée en colonie de vacances en 1935. 500 enfants partirent cette année-là. Henri Del Barrio, président du Comité des chômeurs, se souvient : *«On n'avait pas de cars (...) on emmenait les gosses dans les bennes à ordures désinfectées et réadaptées pour cela»*.

5 colonies supplémentaires virent le jour. Mademoiselle Mireille Gonzalez est photographiée, à celle de Trébeurden (Côtes d'Armor), en 1953, avec un groupe de fillettes... toutes vêtues par la municipalité.

L'équipe d'encadrement des petits, à Trébeurden, en 1954. Quelques visages et combien de souvenirs pour monsieur Neveu, mesdemoiselles Marguerite Renard, Jeanine Peru, Mireille Gonzalez et leurs collègues.

Le camp d'adolescents (10 à 12 ans) de Samoëns (Haute-Savoie) accueille 140 enfants. Image d'un autre temps car cette photo date de 1955.

Durant la Deuxième Guerre mondiale, certains enfants drancéens, au grand soulagement de leurs parents, partirent aux environs de Poitiers, à Curzay, grâce à une mutuelle de fonctionnaires.

La première bibliothèque date de 1888. Installée maintenant place Marceau elle eut aussi comme cadre ce bâtiment, rue Roger Salengro, démoli en 1996.

VII

Les transports

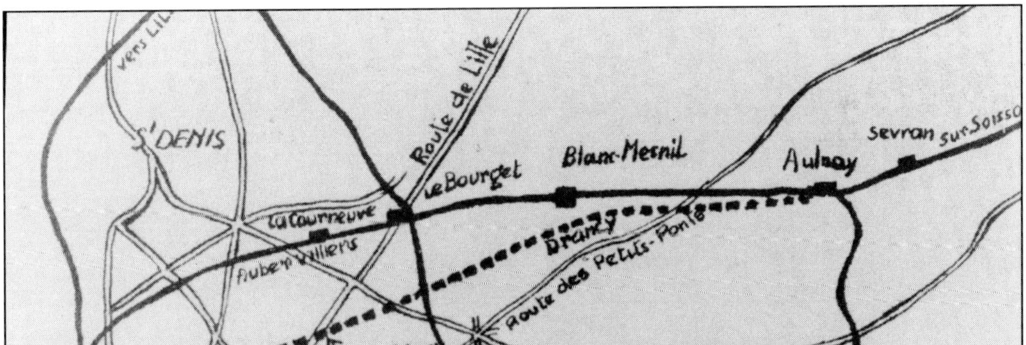

Ce plan de 1855 est une étude de tracé reliant Paris à Soissons. Il montre où aurait dû s'installer le réseau ferroviaire s'il n'y avait eut intervention de certains notables de l'époque, dont le baron de Ladoucette. Nul doute que les paysans de Drancy partageaient l'opinion d'Arago, savant, qui prédisait que cette invention *«allait mener l'humanité à sa perte»*. Selon les ruraux de cette époque, cette invention du diable allait permettre aux Parisiens de venir piller leurs biens, tarir le lait de leurs vaches, les vibrations du sol, au passage des trains, allaient découver leurs poules et la fumée des locomotives pourrir leurs arbres fruitiers.

Le baron de Ladoucette a réussi à imposer sa volonté à *«cette stupidité sans lendemain qui empêcherait de dormir en son château, lui et ses gens, ainsi que les braves gens de la commune».*

La gare a été bâtie sur le territoire de Drancy. Cette partie de notre ville fut annexée au Bourget en 1877. A partir de cette zone, la direction de l'industrialisation s'est développée au Bourget et au Blanc-Mesnil, évitant le territoire drancéen. Un omnibus à cheval, partant de cette gare, desservait les 4 Routes.

Un autre opposant au projet, en accord avec le baron, fut le marquis de Gourge, d'Aulnay-sous-Bois. Il jugeait cette idée comme étant une machination socialiste qui inciterait ses paysans à la vadrouille et troublerait les coutumes du territoire. Ce qui ne l'empêcha pas, plus tard, de devenir co-propriétaire de la ligne d'Aulnay-sous-Bois-Bondy.

Le triage, dû à l'augmentation du trafic, bien qu'installé sur Drancy porte le nom du Bourget. Commencé en 1863, il s'étend aujourd'hui jusqu'à Aulnay-sous-Bois sur 78 hectares.

Sur le quartier de l'Economie, il y avait une halte sans abri couvert. En 1864, les usagers n'avaient à leur disposition qu'un train le matin, à 6 h ; le retour de Paris ne s'effectuait qu'aux environs de 20 h.

En 1908, fut décidée la construction d'une gare, inaugurée en 1912.

La Compagnie du Nord, indisposée par l'exploitation de cette ligne (à cause des tarifs à 50 % non remboursés par l'Etat) retarda la mise en service de cette gare jusqu'à ce que le combat de clochers entre les deux villes trouve une issue. Notre ville, frustrée par le fait que la première gare porte le nom du Bourget, voulait que celle-ci se nomma Drancy, car installée sur son territoire. Le Blanc-Mesnil voulait son patronyme au fronton de la gare, arguant du fait que les Blanc-Mesnilois la fréquentaient en plus grand nombre. Finalement, le nom de Le Blanc-Mesnil-Drancy fut adopté.

La gare était déjà condamnée car, prisonnière d'un faisceau de voies et théâtre de manoeuvres continuelles de trains et de wagons, elle s'avérait dangereuse d'accès pour les usagers.

La nouvelle, et définitive, gare se nomme aujourd'hui... Drancy.

La première ligne de tramway, dans le centre de la commune, porta le numéro 51.

Son inauguration eut lieu le 17 août 1924. La ligne n'a guère duré puisqu'elle n'existait déjà plus en 1937.

La ligne du tramway venait de République, à Paris, et son terminus se situait au carrefour des Ecoles.

Image d'un autre temps : le tram, la construction de la cité Paul Bert et du dispensaire municipal.

La première ligne d'autobus «E.A.» reliait les 4 Routes de Drancy à la place d'Arme, à Dugny. Il n'est pas étrange de trouver cet autobus à ce carrefour. En effet, l'avenue Paul Vaillant-Couturier n'était pas percée.

La deuxième ligne d'autobus «E.N.» passait à Drancy ; elle partait de Noisy-le-Sec pour rejoindre la mairie du Bourget. Elle fut ensuite prolongée jusqu'à la place d'Arme à Dugny.

L'ancêtre du 143. La T.C.R.P. (future R.A.T.P.) a utilisé ce matériel, équipé d'un gazogène, pendant la Deuxième Guerre mondiale... et certainement après. La hauteur du bus atteignait 4 mètres.

Monsieur Saumard m'a confié cette photo. Au dos de celle-ci, il est inscrit : *«2 juin 1981 dernier tour»*. C'est aussi la retraite (derniers tours de roues) pour le bus de la ligne 148, dans ce tronçon de la rue Sadi Carnot qui disparaît avec le projet de centre-ville.

Route de Stalingrad, les riverains n'empruntent plus la ligne 173 ; elle a été remplacée par un tramway sur le tronçon Bobigny-La Courneuve.

Deux bus utilisés par les anciens Drancéens. Le Schneider «H» a servi entre 1916 et 1938 (bus du haut). Entre 1936 et 1971 ce fut le «TN4H» de Renault et sa célèbre plate-forme (bus du bas).

C'est dans ce bus que les internés au camp de Drancy furent transportés depuis les différents lieux de leurs arrestations et, du camp aux gares du Bourget ou de Bobigny.

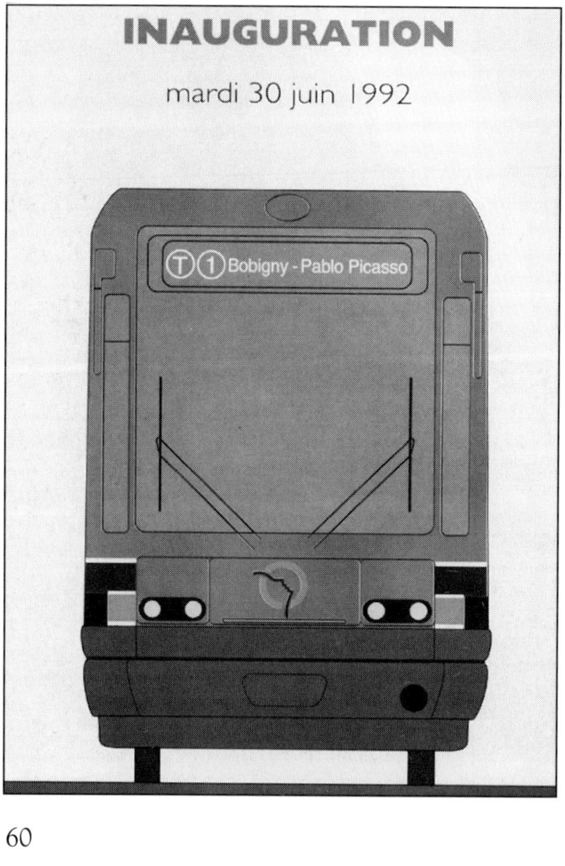

Drancy renoue avec ses tramways. La ligne (inaugurée le 30 juin 1992) relie Saint-Denis à Bobigny. Un projet vise à la prolonger jusqu'à Noisy-le-Sec.

Le moyen de transport le plus populaire et le plus économique est la bicyclette. Monsieur Devaux a du en vendre quelques unes en sa boutique installée 102, route des Petits Ponts.

Monsieur Devaux avait aussi une autre passion : construire des motos. On peut admirer un de ses modèles.

Ce bel attelage est arrêté rue Henri Barbusse, devant un magasin qui existe toujours (agence de voyages). Ce bistrot était très fréquenté par les rouliers de l'époque qui, voulant éviter la forêt de Bondy réputée peu sûre, déviaient par Drancy pour se rendre en Seine-et-Marne.

Les arbres n'existent plus, l'avenue Marceau a du être élargie, afin de permettre une meilleure fluidité de la circulation... qui ne devait pas être un problème majeur à l'époque.

L'arrière-grand-père de mon épouse, endimanché, se prépare, avec ses amis, à un voyage organisé. Quelques bâches sur les autocars en cas de pluie et en route pour l'exposition universelle de 1900, à Paris.

Jour de fête. Le cortège arrive place Marceau. Le port du chapeau tant pour les femmes, les hommes que les enfants était très répandu. Autre mode très usitée : la marche. La pauvreté des salaires ne permettait pas à certains d'utiliser le tram, le train ou les péniches du canal de l'Ourcq, aussi la marche jusqu'à Paris et le retour du soir se faisait à la force du jarret... A cette époque ce n'était pas considéré comme un exploit, même après une journée de labeur.

NDIE

VIII

Des hommes au service du public

Tous les Drancéens connaissent la caserne des pompiers, bâtie en 1930, qui attend sa démolition depuis que ses locataires ont emménagé dans des locaux neufs, modernes et plus fonctionnels. La première pompe à incendie fut achetée en 1852. La création de la première compagnie date du 15 décembre 1853 ; elle était composée de sapeurs volontaires.

Cet édifice étrange, sur la gauche, servait à l'entraînement des sapeurs.

Il serait bien présomptueux de vouloir faire le bilan de leurs interventions, pour exemple celle de 1988 à la clinique du Bois d'Amour.

Les riverains de la rue Gateau-Lamblin doivent se souvenir de ce spectaculaire accident de la circulation du 16 juin 1988. Il avait nécessité, en plus des soins, l'intervention d'un camion grue, afin de préserver le pavillon de ce riverain.

La rue Roger Salengro accueille la nouvelle caserne, inaugurée en janvier 1993.

En 1898, le premier bureau de poste était installé dans l'ancienne mairie, puis il fut transféré dans ce bâtiment, rue Sadi Carnot, en face de la rue Raymond Lefevre. Deux boites à lettres étaient à la disposition des Drancéens : l'une à la cité Ouvrière, l'autre au hameau des Poudrettes.

La poste, avant l'emplacement actuel, a transité dans ce bâtiment qui accueillit ensuite, jusqu'à sa démolition, le commissariat de police. Aucune carte postale ancienne n'existe du commissariat, car le premier n'a été installé qu'en... 1968.

Les P.T.T. furent placés sous la censure allemande durant la Deuxième Guerre mondiale. Les nazis avaient certainement un secret bien horrible à cacher à Drancy.

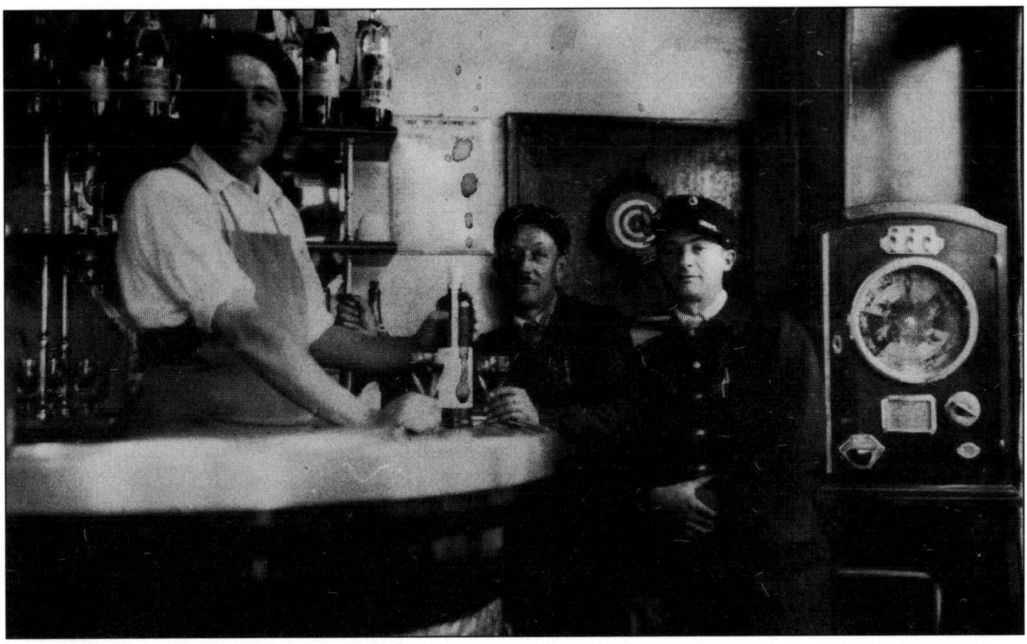

Machine à sous et parties de fléchettes étaient de règle à la fin de la tournée des facteurs. Certains se retrouvaient au café du Bon Coin, situé à l'angle des rues de la République et Roger Salengro, chez monsieur Lechopier.

Indispensable à la santé de la population, le dispensaire municipal a été bâti lors du programme de construction de la cité Jardin.

Sans employés municipaux, pas de vie dans la commune. Le 10 juin 1996, l'un d'entre eux, Raymond Pelletier, a lancé cette invitation à son départ en retraite. On y reconnaît des membres du conseil municipal.

IX

Des rues, des noms, des héros

Les guerres ont frappé notre ville. 1870 : les Allemands occupent Stains, Dugny, Le Blanc-Mesnil et Aulnay-sous-Bois. Leurs avant-postes sont au Bourget. Le conseil municipal, le 29 août, jure fidélité à l'empereur, la population se réfugie à Paris. Drancy est occupé par les troupes du commandant Salmon, armées de 2 canons. Ces pièces iront renforcer les troupes du Bourget, laissant notre commune sans défense. Lorsque les Drancéens rentrent dans leurs logis, ils constatent l'ampleur du désastre : villages, église et château sont en ruines.

Le monument aux Morts date de 1901 ; il a été élevé à la mémoire de 19 soldats. Des tombes éparses sur le territoire communal, seules deux portaient un nom : Delas Gabriel, de Bourges, et Louis Baptiste, de Paris. Tous deux avaient 21 ans.

13 ans après la commémoration du monument de 1870, la guerre éclata de nouveau. 52 mois de conflit qui ôteront la vie à plus de 200 Drancéens.

Comme en 1870, Drancy ne vit pas d'Allemands sur son territoire. Les terrains occupés par l'actuelle cité Gaston Roulaud le furent par les boulangeries militaires évacuées d'Aubervilliers. Le château changea de locataires : il reçut, à la place des enfants, des militaires blessés, en convalescence.

1940-45, heures sombres et tragiques pour des millions de personnes qui donneront à Drancy une triste renommée.

HONNEUR AUX VICTIMES DU NAZISME

La Municipalité et le Conseil Municipal rendent un fervent hommage à nos Camarades victimes de la sauvage répression des hordes hitlériennes

Tableau commémoratif des Victimes de la barbarie nazie dans le hall de l'Hôtel-de-Ville

ÉLUS, DÉPORTÉS POLITIQUES ET OTAGES FUSILLÉS

disparus ou décédés des suites de leur déportation

JUSTICE Raymond	1920-1941
SIGONNEY André	1920-1941
JAHIER Henri	1895-1941
SEMARD Pierre	1887-1942
JORISSEN Jacques	1918-1942
BRONZSTEIN Simon	1918-1942
LANGLOIS Henri	1895-1943
MEDRANO Pierre	1892-1943
DELAQUERRIERE Lucien	1890-1944
PUESH Gabriel	1896-1944
ROUANET Henri	1895-1946
LAMBLIN Gabriel	1901-1944
GATEAU Henri	1895-1944
BEUGNET Albert	1899-1944
HENAFF Joseph	1887-1946
COSTERGENT Pierre	1932-1944
DELPLACE Louis	1900-1944
WIRBEL Jean	1886-1944
FROMENT Adrien	1900-1944
SOUBIRAN Jean	1923-1944

F.F.I. et F.T.P.F.

tués dans les combats de la Libération

GIBRAT Roger,	Lieutenant F.F.I.		1923-1944
LEFÈVRE Raymond,	Sergent	»	1920-1944
PELLETIER André,	Caporal	»	1925-1944
BERNARD Maurice,	Soldat	»	1921-1944
CAPPE André,	»	»	1921-1944
DEFILIPPI René,	»	»	1925-1944
HAUSSONVILLE, Victor	Soldat F.F.I.		1903-1944
JOLY Jacques,	»	»	1924-1944
LEBRETON Claude,	»	»	1927-1944
LIEVIN Edouard,	»	»	1912-1944
PETIEU Roger,	»	»	1926-1944
CARELS François,	Sergent F.T.P.F.		1916-1944
SAGE Charles			1912-1944

Ils sont tombés dans la lutte contre l'hégémonie germanique

PIERRE SEMARD
Conseiller Général de Drancy (1887-1942)

A LA POPULATION DRANCÉENNE

La Municipalite et le Conseil Municipal ont estime qu'ils avaient le devoir de renseigner le plus exactement possible la population ouvrière qui leur a confié le mandat d'administrer la Ville.

Ce Bulletin doit être le trait d'union entre la Municipalité et la population drancéenne.

Nous y donnerons les renseignements les plus objectifs sur l'activité municipale, sous une forme que nous nous efforcerons de rendre plus agréable.

Beaucoup de rues portent le nom de résistants tués au combat, fusillés ou morts en déportation. Hommage leur est rendu dans le bulletin municipal de mai 1946.

La rue William fut débaptisée le 15 octobre 1957 et porte le nom de Jacqueline Quatremaire (ci-dessous), dirigeante de l'Union des jeunes filles de France. Arrêtée et déportée, elle décéda dans le camp de concentration d'Auschwitz.

D'autres résistants sont connus dans notre ville, comme Fernand Pena, qui deviendra maire de Pantin, mademoiselle Odette Lecland (madame Niles), le docteur Coccola, René Deschamps, Jean Pomier, A. Descamps (rédacteur du périodique *le Prolétaire Drancéen*), Louis Meret (cheminot), etc. Monsieur et madame Gratpanche vendaient des légumes devant la gare du Bourget et en leur boutique de la rue de la République. Ils assistèrent à l'arrestation de madame Schlomovici et de son père et ils cachèrent les enfants. Acte de résistance modeste confesse-t- elle... A voir ! Voici une photo de ses parents, résistants, prise à la Libération devant le café Tetu : on reconnaît monsieur Thomas et mademoiselle Santais, qui avait pour nom de code «Marianne Leroux».

Cité de la Muette, ce corps de bâtiment baptisé «le fer à cheval» fut transformé par les allemands en camp d'internement. Il fonctionna pendant 3 ans. Plus de 100 000 personnes y séjournèrent... avant d'être déportées dans les camps de la mort.

L'horreur ! En août 1942, 4 000 enfants, âgés de 2 à 12 ans, furent amenés à Drancy. On assista à des scènes déchirantes lors de la séparation de ces bambins de leurs mères.

Georges Wellers, au procès d'Eichmann (l'un des auteurs de la solution finale), fit ce témoignage : «*Les enfants étaient parqués par 110-120 dans des chambres (...) avec des paillasses d'une saleté repoussante. Après 9h du soir (...) ils restaient tout seuls (...) entassés (...) sur des paillasses dégoûtantes. Leur sommeil était agité, beaucoup criaient, pleuraient, appelaient leur mère et, parfois la totalité des enfants d'une chambrée hurlait de terreur et de désespoir (...) ces chambrées ressemblaient à des salles de déments et le spectacle devenait rapidement insupportable pour le témoin le plus endurci ...*»

Drancy se souvient, et les personnes qui désirent s'associer au souvenir peuvent le faire en contactant le conservatoire historique du camp de Drancy.

Le 13 août 1944, le dernier convoi ne partit pas, grâce au déclenchement de la grève générale chez les cheminots et les machinistes de la T.C.R.P.

Après la guerre, les jeunes Drancéens eurent l'honneur de défiler sur les Champs Elysées, le 11 novembre 1944.

En 1951, les jeunes se mobilisèrent pour des rencontres internationales ayant pour thème la paix.

X

Terre agricole

En 1896, le territoire communal était de 763 hectares ; 604 étaient consacrés à l'agriculture, terre de froment, d'avoine, de pommes de terre. En 1918, monsieur Hautecoeur élevait des moutons ! Ci-dessus, la ferme du Petit Drancy, bâtie sur l'emplacement d'une ancienne maison forte.

Les photographes de l'époque aimaient à faire poser nos paysannes. Sur toutes les cartes postales elles donnent le grain contenu dans leur tablier aux volailles de la basse cour.

En 1791, les biens du Clergé furent vendus comme Biens nationaux : 23 arpents devant la ferme du Petit-Drancy, 9 arpents près de la ferme du Petit-Groslay, 7 arpents au lieu-dit Le Baillet, 60 arpents aux lieux-dits Le Chemin du Bourget et Le cimetière aux chevaux, etc.

La ferme du Petit-Drancy, pratiquement détruite en 1870, servit aux artilleurs durant le conflit de 1914-18 et était reliée au village par des tranchées. Elle fut occupée par les Allemands durant le Deuxième Conflit mondial.

Les fermes se situaient surtout rue de la République. Elles appartenaient aux familles Honoré, Ridelle, Puigard et Lucot. Une autre existait au 114, avenue Henri Barbusse. Les fermiers Lalouette et Demol habitaient rue Jean-Pierre Timbaud (ancienne rue Jacob).

A la limite de Drancy, au Blanc-Mesnil, les Drancéens pouvaient admirer cet attelage. Encore une fois, la basse cour est nourrie. Pour le lait, il fallait s'adresser rue Rigaud (Raymond Lefevre aujourd'hui).

En 1946, le conseil municipal décida la création du square Danièle Casanova. Résistante, elle fut arrêtée en février 1942, emprisonnée au fort de Romainville, déportée le 21 janvier 1943 à Auschwitz où elle mourut le 9 mai 1943. Autre décision d'après guerre : la création d'une «goutte de lait», rue Roger Gibrat, centre de consultation pour les jeunes mamans et leurs bébés ; car la mortalité de ceux-ci était inquiétante à Drancy.

XI
Les cités

Le décret du 29 mars 1890 déclare d'utilité publique la Société française des habitations a bon marché. La loi du 30 novembre 1894 accorde une aide financière, par l'intermédiaire des Caisses d'épargne. Les investisseurs privés sont peu enclins à construire des logements sociaux. Le bilan des HBM, fin 1906, est maigre : 765 logements et 2 427 pavillons, alors que des millions de familles vivent dans des conditions misérables.

L'illustre Poulbot partit en guerre contre les taudis avec la ligne nationale. Enfin, l'Etat fit son entrée dans le secteur logement. La loi Bonnevay créa les Offices publics d'habitations à bon marché (OPHBM) le 23 décembre 1912.

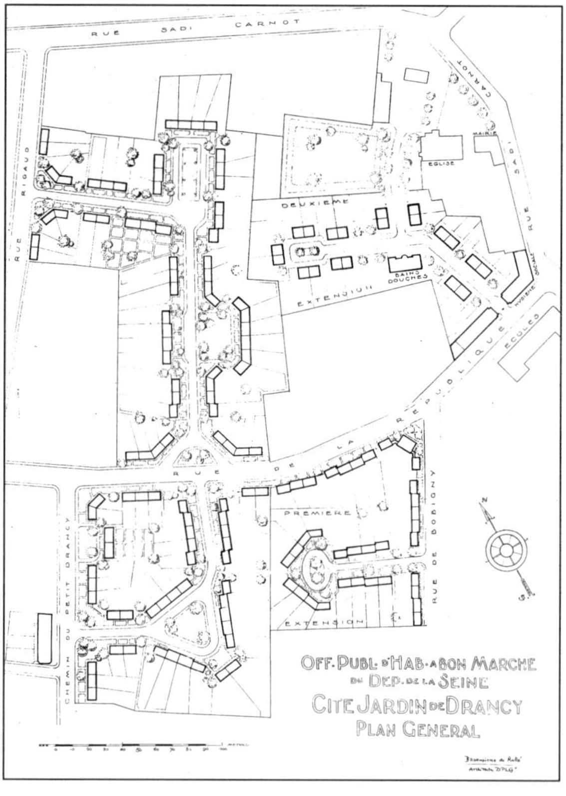

Les HBM de la Seine, créées par décret le 18 juillet 1915, achetèrent 300 hectares de terrain pour y bâtir les cités Jardins à Drancy, Suresnes, Le Plessis-Robinson, Chatenay-Malabry, Stains, Les Lilas, Bagnolet, Champigny, Gennevilliers, Arcueil, Cachan. Le projet était l'oeuvre de Henri Sellier, maire de Suresnes.

Entre 1920 et 1925, la cité Jardin surgit des champs de Drancy. A gauche de la photo, la rue de la République rejoint la rue Charles Gide. Au premier plan, on voit la rue Roger Salengro.

Pour ceux qui connaissent bien le quartier, voici la rue Jean Soubiran. On discerne, dans le fond, les arbres du parc du château, devenu le parc Jacques Duclos.

Les bains-douches de la cité Jardin. «*La baignoire, pas plus que (...) la douche ne sont indispensables pour assurer la propreté chez ceux qui sont disposés à les prendre, il suffit (...) du «tub en zinc». Les baignoires, les douches (...) sont des appareils de luxe (...) contentons-nous de donner à nos ouvriers le nécessaire*» (L. Ferrand, membre du Conseil supérieur des HBM en 1911).

En 1935, la cité de la Muette sortit de terre. Au premier plan, on voit l'avenue Henri Barbusse.

Les premiers locataires, des cheminots, des employés de la T.C.R.P. ne voulurent pas rester dans les appartements des tours et du «peigne». Ce fut un échec locatif et financier ; les locaux furent loués à la gendarmerie et à la première légion de gardes mobiles, puis vendus pour 2 500 000 francs à l'armée.

Durant l'hiver 1939, les radiateurs des étages supérieurs éclatèrent, déversant des milliers de litres d'eau dans les 14 étages. L'immeuble se transforma en patinoire, les gendarmes et leurs familles furent évacués. Les tours et le «peigne» furent démolis en 1976 pour faire place à une nouvelle caserne.

Il fallut attendre l'après-guerre pour voir se réaliser des groupes d'habitat social et collectif. En 1950-52 furent créés les OPHLM municipaux et départementaux. La cité Gaston Roulaud fut bâtie en 1957.

En 1958, la cité Paul Vaillant-Couturier accueillit ses premiers locataires. Puis, en 1961, l'architecte Gilbert bâtit la cité Youri Gagarine (photo ci-dessus).

En 1961-67, les cités Youri Gagarine, Résistance et Jean Lurçat offraient 1 074 logements, bâtis sur un bidonville (habité principalement par des Espagnols).

L'urgence ! Il fallait bâtir. 1955 vit la création de la cité Jules Auffret. En 1956, le département de la Seine devait loger 240 000 familles, soit 850 000 personnes. Drancy vit sa population passer de 43 000 âmes en 1948 à 50 600 en 1953, puis 65 000 en 1962.

En 1968, la piscine fut inaugurée. En 1970-71, 1 800 à 2 000 demandes de logement étaient en attente. La cité Marcel Cachin ouvrit ses portes, alors que celle de Jules Auffret était agrandie, puis, l'année suivante, les tours Pablo Néruda et Salvador Allendé. Entre 1975 et 1977, 360 logements virent le jour sur divers sites de la ville.

La cité Danton, démolie en 1985, a été rebâtie depuis sous le nom de Petit Drancy. En 1985, le centre-ville se transforma. La ville subventionna de nouveaux appartements, le long de la rue Sadi Carnot, en 1966.

XII
Balade dans les quartiers

La rue de la République semble être la plus ancienne et pourrait être celle de la pénétration néolithique.

L'avenue Henri Barbusse. Deux thèses s'affrontent quant à son ancienne dénomination (route des Petits Ponts). La première émet l'hypothèse qu'il y avait d'innombrables ruisseaux et que, pour les traverser, les habitants disposaient de nombreux ponts. La seconde explique qu'à l'époque des mals lotis, les habitants jetaient des planches au-dessus des trous et des fossés, afin d'accéder à leurs habitations.

Venant de la capitale, les premiers à s'installer en banlieue, vers 1860, furent des artisans et des commerçants qui construisirent des maisons (les pavillons) à la campagne.

Des noms pompeux, copiant les maisons bourgeoises, étaient parfois donnés à ces «résidences secondaires», à ces «folies». Un quartier de Bobigny porte d'ailleurs ce nom.

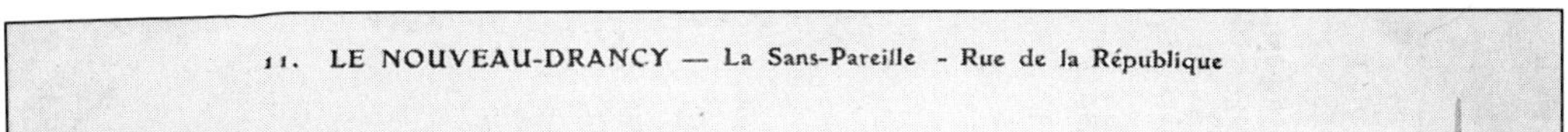

Vers 1870, le développement industriel, les emplois et les nouveaux moyens de transport attirèrent les ouvriers hors de Paris et des provinces. Les expulsés des travaux de monsieur Haussman, la hausse des loyers en 1863 et 1870 (84%) renforcèrent cette migration.

Le terrain est moins onéreux qu'à Paris. L'achat d'un bout de terrain pour le jardinage, et sur lequel on érigeait une cabane, aboutissait ensuite à la construction d'une maison.

Il n'y avait pas de réglementation ; les lotissements étaient bâtis sans le minimum de salubrité : eau potable, égouts, évacuation des eaux de pluie et des ordures ménagères.

La guerre de 1914-18 a développé les industries parisiennes. La journée de 8h de travail étant acquise en 1919, l'industrie attira le monde rural. Fuir les loyers élevés ou spéculer sur la pierre sont les éléments importants de la construction en banlieue, mais le leitmotiv des gens d'alors était l'accès à la propriété.

Les lotissements aux noms alléchants attiraient les acheteurs : *Paris Campagne, Drancy Campagne, l'Avenir Parisien, le Bonheur Familial, les Castors, l'Idéal Ouvrière, la Sans Pareille, Villégiature*. En 1996, certains quartiers portent encore leurs noms d'origine.

Le prix du terrain était bon marché. En 1907, rue de la Mutualité, le mètre carré coûtait 6 à 7 francs ; trois ans après 10 francs. L'inflation continue de nos jours. En 1920 : 14 francs avenue Henri Barbusse, entre 50 et 200 francs sur l'avenue Marceau.

Pas d'urbaniste pour le tracé des lotissements : les propriétaires découpaient leurs terrains pour en tirer un maximum de profit. Au premier plan, ce chemin est devenu la rue des Poilus.

L'état des chemins, baptisés par les lotisseurs rues ou routes, était lamentable. Beaucoup de lots étaient bâtis sur d'anciens marécages ou des terres inondables. Ces «rues» se transformaient en bourbier à la moindre goutte d'eau.

L'empierrement de l'avenue Anatole France. En 1742, l'ingénieur français, monsieur Perronet, mit au point une technique de concassage et d'agglomération des pierres au moyen d'un rouleau compresseur. Monsieur Mac Adam, ingénieur écossais, donna son nom à ce système en y apportant une amélioration : le goudron.

L'anarchie de la construction ne fut limitée qu'en 1918. Raymond Poincaré, président de la République, signa, le 14 mars 1919, une loi obligeant à déposer une demande de permis de construire à la mairie.

Le 19 juillet 1924, la loi Cordunet donna le pouvoir au maire et au préfet d'interdire certains projets de lotisseurs. Le nombre élevé de carrefours est dû aux découpages des lots faits par de trop nombreux promoteurs. Pour cacher à l'éventuel acheteur que sa maison se trouvait dans une impasse, le vendeur nommait la rue : villa.

64 % des lotissements ont été érigés entre 1915 et 1960, à «l'huile de coude», après la journée de travail et pendant les week-ends, les amis étant les bienvenus. La matière première n'était pas toujours de première qualité, le mâchefer, très usité du fait de la proximité de l'usine de gaz de Paris, était poreux. L'humidité et le gel le faisaient éclater. Il garnit ensuite les chemins de la ville.

Le 11 février 1932, les conseillers municipaux déploraient le peu de commerces importants qui auraient pu amener quelques ressources à la commune. Monsieur Delahaye, épicier avenue de Castelnau, avait une petite licence pour une buvette. La seule obligation pour les consommateurs était de boire... debout !

14 500 habitants en 1919. Si une forme de commerce fleurissait sur notre commune, c'était bien le bistrot. On en dénombrait 110 ! Seulement 51 en 1926, 57 en 1930 et 158 cafés, plus les épiceries-buvettes, pour les 50 654 Drancéens de 1954.

Le café Grandsire était situé dans l'actuelle rue Alsace-Lorraine.

Monsieur Chandez était le seul papetier à la disposition des Drancéens en 1918. Il édita une série de cartes postales de toute beauté, dont on voit, ci-dessus, un exemple : la rue Louis Yotard.

En 1926, deux Bégaud prirent la place de Chandez ; eux aussi laissèrent le témoignage du passé en éditant des cartes postales.

La légende (Kursaal-Firnimhac) est une énigme. La carte postale représente l'avenue Marceau. En 1926, un certain Firmhinac y ouvrit un café. Est-ce un début d'explication et quel rapport (s'il y en a un) avec le cinéma installé place Marceau qui se nommait le *Kursaal* ?

Un autre éditeur local de cartes postales était le boucher Simon. En 1918, la concurrence n'était pas grande. Outre Simon, il y avait Millair, Millot et Tailleur. Ils étaient 11 en 1926 et 41 en 1954. En 1898, un contrôle vétérinaire existait, mais le simple cachet du garde-champêtre suffisait pour mettre à la vente des viandes d'animaux tués «sur place».

A la Halte est devenu le tabac des Tilleuls, avenue Henri Barbusse. L'élargissement indispensable pour la circulation automobile moderne a sacrifié beaucoup d'arbres.

Un autre tabac, connu des Drancéens, est celui des 4 Routes. Le bâtiment a été surélevé dans les années 1930.

En 1928, la loi Sarraut fut votée. L'Etat dut participer à hauteur de 50 % aux frais d'aménagement de voirie et d'assainissement, les associations syndicales des lotis étant chargées de faire les travaux. 46 associations furent créées à Drancy.

Nombreux furent les syndicalistes des associations de mal lotis qui devinrent conseillers municipaux ou maires de leurs communes. Duchanel, président du lotissement de la rue Morin et Noirot, a dirigé notre ville de 1919 à 1934, date de sa démission à cause de l'affaire des "candélabres en or". Les Drancéens lui reprochaient le prix prohibitif payé à un entrepreneur du Blanc-Mesnil, lors de l'électrification de Drancy. En avril 1941, la Résistance le contacta pour créer une nouvelle base clandestine.

Si les noms des deux premiers maires sont oubliés par les Drancéens (Muard et Giroux), il n'en est pas de même pour Maurice Niles, qui succéda à Gaston Roulaud le 8 mai 1959. Il est encore le premier magistrat de la ville en 1996.

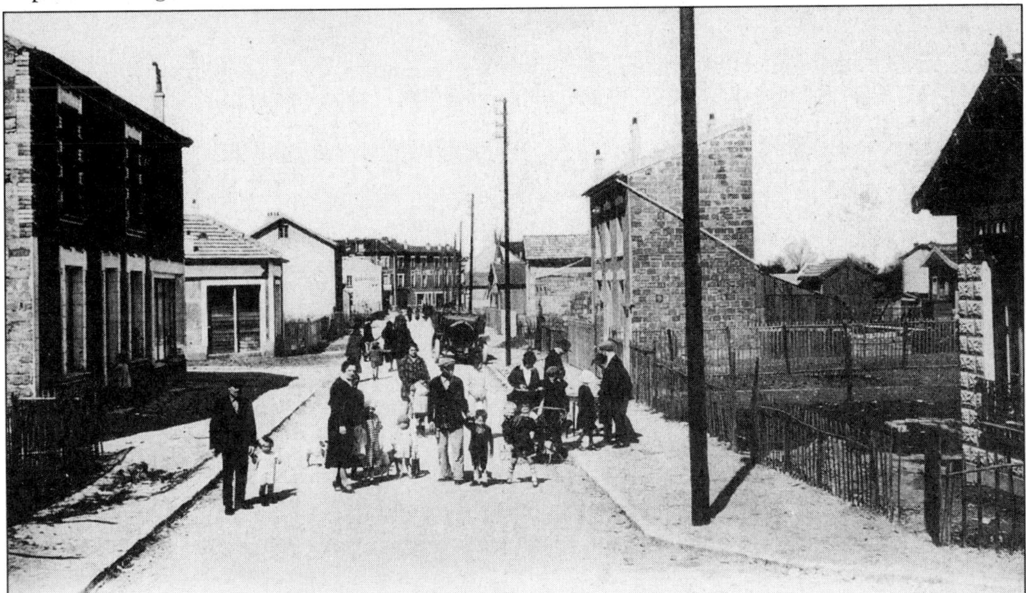

En 1927, *le Prolétaire Drancéen*, journal local, commentait, à propos des centaines de chômeurs drancéens : "*la crise économique frappe durement, les constructions d'habitat sont freinées, la population diminue : 51 166 habitants en 1931, 42 939 en 1936*".

Constat est fait en 1935 : la politique des lotissements a amené à Drancy des milliers de miséreux et provoqué un énorme déséquilibre financier. La viabilité et l'assainissement des quartiers, achevés en... 1970, auront coûté plus de 15 millions de francs.

Le marché, place Marceau, du temps où certains Drancéens achetaient les volailles vivantes pour l'élevage. Quelques années plus tard, la SPA fit interdire la vente des poussins colorés.

Cette famille aimait la compagnie animalière. Une autre élevait chaque année son repas de noël : un coq castré, engraissé, dont elle coupait la crête. Ce chapon ne coûtait que la passion de l'élever.

Le commerce se développe sur le territoire communal. En 1896, il n'était possible de se procurer du tabac qu'au 10, rue Sadi Carnot.

Nord lumière, l'ancêtre de l'EDF. Ses bureaux de l'avenue Henri Barbusse ont déménagé et pris la place de ce café, Au Bon Coin, à l'angle des rues de la République et Roger Salengro.

On dénombrait trois coiffeurs en 1918, contre 48 en 1954. Les modes ont changé. Finis les bigoudis. La mode de la coupe chou commence chez Guy, coiffeur rue Marcelin Berthelot. Avant, on se faisait réprimander par les parents parce qu'on avait les cheveux trop longs en sortant de la boutique, en 1996, c'est parce qu'ils sont trop courts !

La maison n'est pas grande, mais dans ces bazars on trouvait de tout. Les Petites Samaritaines de l'époque sont mortes quand les grandes surfaces sont nées.

Il reste 5 quincailleries à Drancy en 1996 ; il y en avait 11 en 1930. La boutique, comme le bâtiment, n'existe plus. L'emplacement est occupé par l'Espace culturel.

La famille Bourru a tenu ce commerce de meubles, rue Sadi Carnot, de 1934 à 1985. La boutique est maintenant occupée par les Arts Plastiques de Drancy.

Les épiceries de quartiers ont, elles aussi, pratiquement disparu. Il y en avait 130 en 1954.

Des chaînes de magasins : le Familistère, la Coop, Félix Potin furent de redoutables concurrents pour les artisans épiciers... Avant d'être avalés, à leur tour, par les géants de la distribution.

XIII
Loisirs et sports

La salle des fêtes a tenu à «rassembler», au cours des ans, les Drancéens pour les distraire, les informer... Certains reconnaîtront Jacques et Jeanine Péru, Gilbert Grosjean, Ledonge, Robert Grain (cheminot), Jean Dellene, Georges et Josette Fournier, Josette, Dominique, André et Françoise Guisti, Lucienne Fournier...

Au début du siècle, c'est au bistrot du coin que les événements se commentaient. Le garde-champêtre devint l'afficheur municipal ; en 1918, c'est monsieur Michelin qui occupait ce poste.

Le café Cadiffert était le siège social d'une association qui organisait, dans les années 1930, la fête du quartier au Village Parisien.

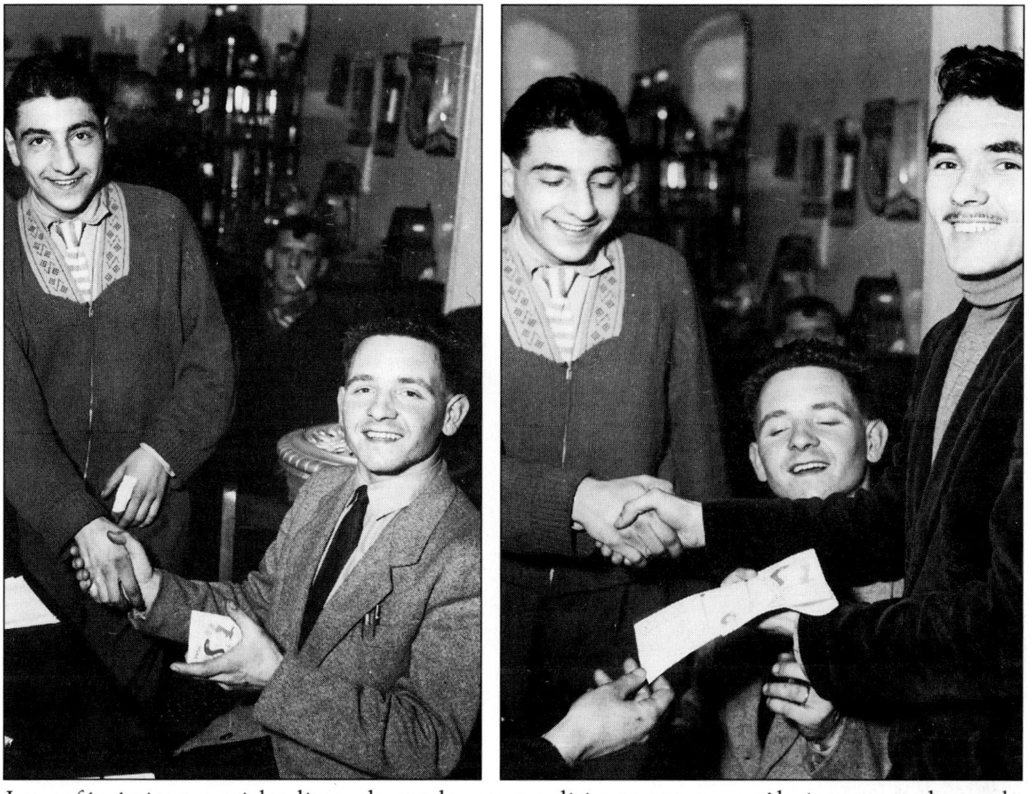

Les cafés étaient aussi les lieux de rendez-vous politiques, avec un rôle important durant la Résistance et après guerre.

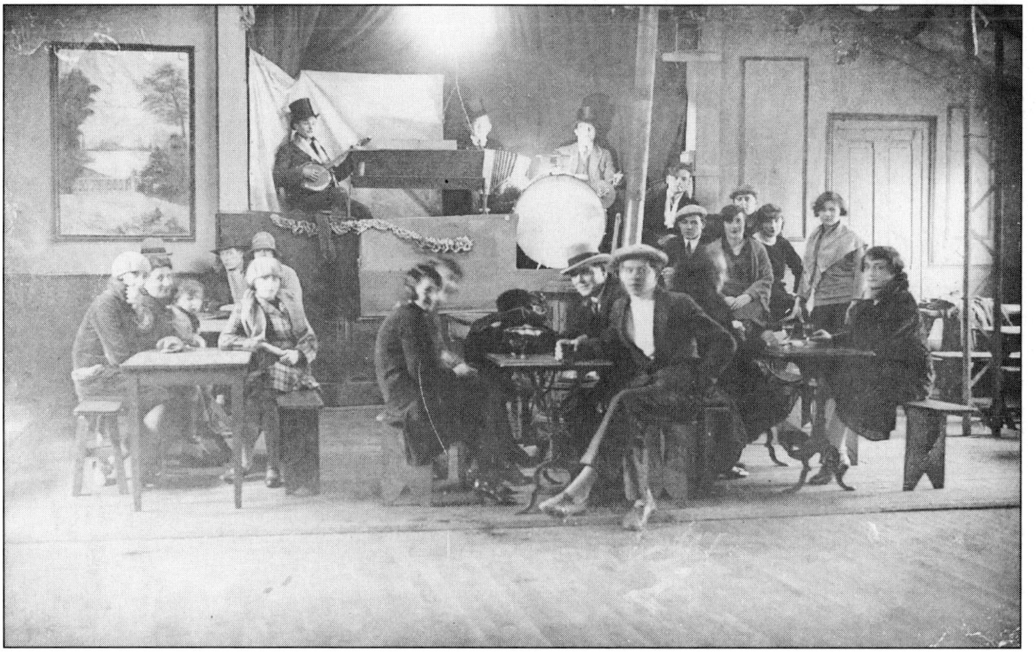

Les bistrots disposaient leurs salles pour accueillir les orchestres et les danseurs.

Paris et les guinguettes du bord de Marne attiraient les danseurs qui se retrouvaient aussi dans les bals locaux : Chez Julot, au Clair de Lune, Place des Oiseaux, au Bal Rouge, à l'Aéro… animés par des orchestres drancéens.

L'Harmonie municipale de Drancy fut créée en 1958, les cheminots de la cité du Nord disposaient de leur propre fanfare.

Les Bigiphones, en 1936. Ils avaient la double réputation d'être excellents musiciens et très joyeux lurons.

Le rideau noir est tombé : les sept cinémas existant à Drancy dans les années 1960 ont tous disparu. *Le Moulin Rouge*, aujourd'hui remplacé par une quincaillerie, était situé rue Charles Gide.

Les Drancéens se rendaient aussi dans les cinémas suivants : *le Prado* (rue Berthelot), *le Trianon* et *le Lynx* (avenue Henri Barbusse), *le Luxor* (avenue Pasteur), *le Jean-Jaurès* (avenue Jean Jaurès) et *le Kursaal* (rue de Ladoucette)

En août 1935, monsieur Bouchenot, l'opérateur du cinéma *Pathé Palace*, appartenant à monsieur Breney, mit, accidentellement, le feu à une pellicule. Malgré l'intervention de cinq casernes de pompiers, le cinéma et un café brûlèrent.

Ce «magicien» a dû séduire beaucoup de Drancéens. Sa carte de visite le qualifiait de mystérieux ; il l'est toujours à cette date car aucun renseignement n'a pu être collecté à son sujet.

Hommage doit être rendu à un photographe : monsieur Bizon. Beaucoup de ses clichés, datant du début du siècle jusqu'aux années 1930, figurent dans ce livre, comme ces deux courses cyclistes. Ces courses devaient se dérouler à Drancy et Bobigny, comme les Foulées Maurice Martone qui fêteront leur quinzième anniversaire en 1996.

Musique, danse, sports, la commune contribue, avec les associations diverses, à développer ces activités sur son territoire. Mademoiselle Michèle Renard a pu présenter une de ces pièces de théâtre.

Chaque année, c'est la fête des associations. Des stands sont mis à leur disposition. Voici celui de l'Union des femmes françaises, en 1951.

Jour de fête, jour de carnaval d'hier rue Sadi Carnot.

En 1996, la tradition du carnaval n'est pas perdue.

Les Drancéens n'en oublient pourtant pas de réclamer «justice» pour Marie Curie.

On n'oublie pas non plus qu'une pierre levée, découverte à l'angle des rues Hoche et Rouget de L'isle, situerait le premier berceau de présence humaine à Drancy, sept siècles avant notre ère.

Les anciens ont fait l'histoire de notre ville, certains dans des conditions difficiles, voire dramatiques. Gageons que l'avenir de notre commune appartient à ceux qui s'en souviennent, en héritent et fièrement.... participent.

Bibliographie

Etat de communes, Montrevain, 1898.
Regards sur Drancy, abbé Raymond Liegibel, Sté drancéenne d'histoire et d'archéologie, 1979.
De Terentiacum à Drancy, Georges Archer, 1964.
Drancy le chemin de la vie, Maurice Niles, Jean Chatain, 1986.
Histoire anecdotique de Blanc-Mesnil, Albert Galicier, 1973.
Drancy, un camp de concentration très ordinaire 1941/1944, Maurice Rajsfus, 1991.
Une commune de banlieue : Drancy, mémoire de fin d'études de J.-P. Degoix et M. Garcia.
La Résistance en Seine-Saint-Denis, Joël Clesse et Sylvie Zaidman, 1994.
Drancy Info, journal municipal.

Remerciements

Je tiens à remercier les personnes qui m'ont permis d'avoir accès à leurs souvenirs familiaux, aux archivistes de la ville de Drancy (Sylvia et ses collègues), aux élus de Drancy et du conseil général de Seine Saint-Denis qui se sont prêtés à mes questions.
Un amical remerciement à Françoise Desfemmes, «ma secrétaire», Farouk, «mon photographe» ; sans oublier Annick, mon épouse et complice.